The Kids Can Press Spanish & English Phrase Book

written by
Chantal Lacourcière Kenny

illustrated by
Linda Hendry

Kids Can Press

Para Liam, Padraig, Brigitte y François

Kids Can Press acknowledges the financial support of
the Ontario Arts Council, the Canada Council for the Arts and
the Government of Canada, through the BPIDP, for our publishing activity.

Published in Canada by
Kids Can Press Ltd.
29 Birch Avenue
Toronto, ON M4V 1E2

Published in the U.S. by
Kids Can Press Ltd.
2250 Military Road
Tonawanda, NY 14150

www.kidscanpress.com

Spanish translation by Esther Sarfatti
Edited by Linda Biesenthal
Designed by Julia Naimska

Printed in Hong Kong by Wing King Tong Co. Ltd.
The hardcover edition of this book is smyth sewn casebound.
The paperback edition of this book is limp sewn with a drawn-on cover.

CM 99 0 9 8 7 6 5 4 3 2
CM PA 99 0 9 8 7 6 5 4 3 2 1

Canadian Cataloguing in Publication Data

Lacourcière Kenny, Chantal
The Kids Can Press Spanish & English phrase book

ISBN 1-55074-541-7 (bound)   ISBN 1-55074-767-3 (pbk.)

1. Picture dictionaries, Spanish — Juvenile literature.   2. Picture dictionaries,
English — Juvenile literature.   3. Spanish language — Terms and phrases –
Juvenile literature.   4. English language — Terms and phrases — Juvenile
literature.   I. Hendry, Linda.   II. Title.   III. Title: Kids Can Press Spanish
and English phrase book.

PC4629.L32 1999   j463'.21   C99-930377-5

Kids Can Press is a Nelvana company

Table of Contents

¡Hola! ¿Qué tal?
Hello! How are you?

Me llamo Rosa Martín.
My name is Rosa Martin.

Éste es mi barrio.
This is my neighborhood.

Tengo ocho años.
I am eight years old.

Uso lentes.
I wear glasses.

Mi perro se llama Miko.
My dog's name is Miko.

Miko lleva un pañuelo.
Miko is wearing a bandanna.

Me gusta montar en bicicleta.
I like to ride my bicycle.

Vivo en la ciudad.
I live in the city.

Mi casa es pequeña.
My house is small.

El gato está en el árbol.
The cat is in the tree.

Unas niñas juegan a la rayuela.
Some girls are playing hopscotch.

El monopatín está en la acera.
The skateboard is on the sidewalk.

Te presento a mi familia
Meet my family

Mi madre se llama Margarita.
My mother's name is Margarita.

Ella es músico.
She is a musician.

Mi padre se llama Mauricio.
My father's name is Mauricio.

Él es bombero.
He is a firefighter.

Tengo un hermano.
I have a brother.

Se llama Juan.
His name is Juan.

Le gusta jugar con sus dinosaurios.
He likes to play with his dinosaurs.

Mis tíos viven en el campo.
My uncle and my aunt live in the country.

Mi abuelo es canadiense.
My grandfather is Canadian.

Mi abuela nació en Martinica.
My grandmother was born in Martinique.

Clara y Paulina son mis primas.
Clara and Paulina are my cousins.

Miko es mi mejor amigo.
Miko is my best friend.

En casa
At home

La familia está en la cocina.
The family is in the kitchen.

Hoy es sábado.
Today is Saturday.

Es el cumpleaños de la abuela.
It is grandmother's birthday.

Hay dibujos en la puerta del refrigerador.
There are pictures on the refrigerator.

Papá hace un pastel de chocolate.
Dad is making a chocolate cake.

Juan está de rodillas en la silla.
Juan is kneeling on the chair.

Mezcla el azúcar con la mantequilla.
He is mixing the sugar and butter.

¡Miko mira televisión!
Miko is watching TV!

Mamá practica el violín.
Mom is practicing on the violin.

Es su canción favorita.
It is her favorite song.

Rosa infla un globo.
Rosa is blowing up a balloon.

Las uvas están en la mesa.
The grapes are on the table.

La frutería
The fruit and vegetable store

La familia Martín hace la compra.
The Martins are shopping.

¿En qué puedo servirles?
May I help you?

A Rosa le gusta el jugo de naranja.
Rosa likes the orange juice.

La lechuga es verde.
The lettuce is green.

Las papas están en la cesta.
The potatoes are in the basket.

Los rábanos son rojos.
The radishes are red.

Miko espera afuera.
Miko is waiting outside.

Los bananos son amarillos.
The bananas are yellow.

Las flores son bellas.
The flowers are beautiful.

Las cebollas están al lado de los tomates.
The onions are next to the tomatoes.

La librería de la esquina
The corner bookstore

El hombre compra una revista.
The man is buying a magazine.

Toda la familia está en la librería.
The whole family is in the bookstore.

La señora Martín quiere un libro sobre animales.
Mrs. Martin wants a book about animals.

Rosa busca un regalo para su abuela.
Rosa is looking for a gift for her grandmother.

Los libros están en los estantes.
The books are on the shelves.

A Juan le gusta el diccionario.
Juan likes the dictionary.

El señor Martín está cerca de la puerta.
Mr. Martin is near the door.

A Miko le gusta el caniche.
Miko likes the poodle.

En la tienda también venden discos compactos y videos.
This store also sells CDs and videos.

Hay muchos libros.
There are lots of books.

La mujer lleva un vestido precioso.
The woman is wearing a beautiful dress.

Los niños escuchan un cuento.
The children are listening to a story.

¡Feliz cumpleaños, abuela!
Happy Birthday, Grandmother!

Mamá sirve un vaso de limonada.
Mom is pouring a glass of lemonade.

Abuela abre un regalo.
Grandma is opening a gift.

Papá toma una foto.
Dad is taking a picture.

Hay velas en el pastel.
There are candles on the cake.

El tío Miguel lleva un delantal.
Uncle Miguel is wearing an apron.

Está cocinando hamburguesas.
He is cooking hamburgers.

Hay globos en el columpio.
There are balloons on the swing.

La tía María está embarazada.
Aunt Maria is pregnant.

Juan observa la mariposa.
Juan is watching the butterfly.

Los niños hacen pompas de jabón.
The children are blowing bubbles.

Miko juega en el jardín.
Miko is playing in the garden.

Clara y Paulina son gemelas.
Clara and Paulina are twins.

En la escuela
At school

Son las 8:30 de la mañana.
It is 8:30 in the morning.

Todo el mundo llega temprano.
Everyone arrives early.

El auto está estacionado delante de la escuela.
The car is parked in front of the school.

Los padres esperan delante de la escuela.
The parents are waiting outside the school.

El alumno va a la escuela a pie.
The student is walking to school.

La niña pequeña está sentada en el carrito.
The little girl is sitting in the wagon.

La señora Martín abraza a Juan.
Mrs. Martin gives Juan a hug.

La directora acaricia a Miko.
The principal is petting Miko.

El maestro mira por la ventana.
The teacher is looking out the window.

La señora Chin juega al baloncesto.
Mrs. Chin is playing basketball.

Los niños juegan a la pelota.
The children are playing ball.

La mochila está al lado de la fuente.
The knapsack is beside the fountain.

Los niños saltan a la cuerda.
The children are skipping.

Rosa habla con su amigo, Salim.
Rosa is talking to her friend, Salim.

Salim está en una silla de ruedas.
Salim uses a wheelchair.

¡Bienvenidos a nuestra clase!
Welcome to our class!

Ésta es el aula de Juan.
This is Juan's classroom.

El señor McPherson toca la guitarra.
Mr. McPherson is playing the guitar.

Un grupo de niños canta.
A group of children is singing.

A los niños les gusta disfrazarse.
The children like to dress up.

Juan está en el rincón de lectura.
Juan is in the reading area.

Está leyendo un libro.
He is reading a book.

Hoy es lunes.
Today is Monday.

El niño trabaja en la computadora.
The boy is working on the computer.

La niña colorea.
The girl is coloring.

Daniel guarda el rompecabezas.
Daniel is putting the puzzle away.

La regla está en la mesa de la maestra.
The ruler is on the teacher's desk.

Ahí está la papelera.
There is the garbage can.

El campo de fútbol
The soccer field

La entrenadora anima al equipo.
The coach is cheering.

Los niños juegan al fútbol.
The children are playing soccer.

Rosa corre tras el balón.
Rosa runs after the ball.

Dos jugadores corren tras Rosa.
Two players are running after Rosa.

El equipo de Rosa lleva uniforme rojo.
Rosa's team is wearing red uniforms.

Hay uno, dos, tres, cuatro, cinco, seis, siete, ocho, nueve, diez, once, doce jugadores.
There are one, two, three, four, five, six, seven, eight, nine, ten, eleven, twelve players.

El balón está en el aire.
The ball is in the air.

Están empatados.
The score is tied.

El número uno es el portero.
Number one is goalkeeper.

El número seis está delante de la portería.
Number six is in front of the net.

El árbitro pita.
The referee blows the whistle.

Juan juega al escondite con Miko.
Juan is playing hide-and-seek with Miko.

En la consulta del doctor
The doctor's office

Ésta es la consulta de la doctora Bernstein.
Here is Doctor Bernstein's office.

Los pacientes están en la sala de espera.
The patients are in the waiting room.

El joven tiene una pierna rota.
The teenager has a broken leg.

Anda con muletas.
He is walking with crutches.

La niña tiene dolor de cabeza.
The girl has a headache.

Pedro tiene varicela.
Pedro has chickenpox.

La enfermera es baja.
The nurse is short.

La doctora Bernstein es alta.
Doctor Bernstein is tall.

A Rosa le duele un tobillo.
Rosa has a sore ankle.

El bebé llora.
The baby is crying.

Juan le agarra la mano a su hermana.
Juan is holding his sister's hand.

El niño se ha lastimado un hombro.
The boy has hurt his shoulder.

En la ciudad
In the city

La ambulancia está delante del hospital.
The ambulance is in front of the hospital.

El edificio está en construcción.
The building is under construction.

La excavadora está cerca del volquete.
The bulldozer is close to the dump truck.

El cartero reparte el correo.
The letter carrier is delivering the mail.

El señor Martín lava el camión de bomberos.
Mr. Martin is washing the fire truck.

El parque está detrás del cine.
The park is behind the movie theater.

La tienda de comestibles está enfrente de la gasolinera.
The grocery store faces the gas station.

La patrulla está delante del banco.
The police car is in front of the bank.

La biblioteca está cerrada.
The library is closed.

Rosa y Miko cruzan la calle.
Rosa and Miko are crossing the street.

La motocicleta para cuando el semáforo está en rojo.
The motorcycle stops at the red traffic light.

Las mesas están en el exterior del café.
The tables are outside the café.

En la playa
At the beach

La familia está de vacaciones.
The family is taking a vacation.

Hace fresco bajo los árboles.
It is cool under the trees.

La señora Martín le pone crema protectora a Rosa.
Mrs. Martin is putting sunscreen lotion on Rosa.

Juan lleva sombrero.
Juan is wearing a sunhat.

Rosa lleva traje de baño.
Rosa is wearing a swimsuit.

Rosa y Juan hacen castillos de arena.
Rosa and Juan are making sandcastles.

El sol brilla.
The sun is shining.

Hace calor hoy.
It is hot today.

Hay un barco de vela.
There is a sailboat.

Miko nada hacia los patos.
Miko is swimming toward the ducks.

El señor Martín lleva camiseta y pantalón corto.
Mr. Martin is wearing a T-shirt and shorts.

La pala y el cubo están en la arena.
The shovel and pail are in the sand.

Un fin de semana en el campo
A weekend in the country

El ternero corre hacia su madre.
The calf runs to its mother.

Los cerdos están en el lodo.
The pigs are in the mud.

Rosa y Miko juegan en el granero.
Rosa and Miko are playing in the barn.

El padre de Rosa maneja el tractor.
Rosa's father is driving the tractor.

El gallo y las gallinas están en el corral.
The rooster and the hens are in the farmyard.

Juan lleva huevos frescos.
Juan is carrying fresh eggs.

La vaca come hierba.
The cow is eating grass.

Las ovejas están en el campo.
The sheep are in the field.

El manzano está cerca de la valla.
The apple tree is close to the fence.

El caballo come avena.
The horse is eating oats.

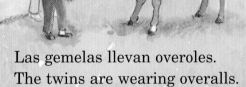

Las gemelas llevan overoles.
The twins are wearing overalls.

El tío Miguel pinta la casita del perro.
Uncle Miguel is painting the doghouse.

La tía María está sentada en el porche.
Aunt Maria is sitting on the porch.

El sábado por la tarde
Saturday afternoon

Todos descansan en la sala de estar.
Everyone is relaxing in the living room.

Aquí hay algunas fotos de la familia.
Here are some photos of the family.

El señor Martín lee el periódico.
Mr. Martin is reading the newspaper.

¡Te toca a ti!
It's your turn!

Los primos juegan a las cartas.
The cousins are playing cards.

El tío Miguel cierra las cortinas.
Uncle Miguel is closing the curtains.

La señora Martín toca el piano.
Mrs. Martin is playing the piano.

La ventana está abierta.
The window is open.

No, le toca a Paulina.
No, it's Paulina's turn.

Miko se esconde debajo de la banqueta.
Miko is hiding under the bench.

La tía María teje unos calcetines para el bebé.
Aunt Maria is knitting baby socks.

La lana está en el sofá.
The wool is on the sofa.

31

¡Buen provecho!
Enjoy your meal!

Es la hora de cenar en el restaurante.
It's dinner time at the restaurant.

¿Dónde está tu tenedor, Clara?
Where is your fork, Clara?

No lo sé.
I don't know.

Juan tiene sed.
Juan is thirsty.

Bebe un batido grande.
He is drinking a large milk shake.

Rosa tiene hambre.
Rosa is hungry.

Come pescado, ensalada y papas fritas.
She is eating fish, salad and chips.

El cuarto de juegos
The playroom

El globo terráqueo está sobre la estantería.
The globe is on the bookcase.

El juego de té está en la mesa.
The tea set is on the table.

A Miko le gusta la casita de muñecas.
Miko likes the dollhouse.

Rosa y Paulina juegan ajedrez.
Rosa and Paulina are playing chess.

Clara juega con el tren.
Clara is playing with the train.

El osito de peluche lleva gafas de sol.
The teddy bear is wearing sunglasses.

Los juegos están en el armario.
The games are in the cupboard.

El auto está debajo del tobogán.
The car is under the slide.

La muñeca está en la cuna.
The doll is in the cradle.

El avión está en la caja de juguetes.
The airplane is in the toybox.

Juan se sube al caballito balancín.
Juan climbs on the rocking horse.

Lleva un sombrero vaquero.
He is wearing a cowboy hat.

¡Buenas noches!
Goodnight!

Es la hora de acostarse.
It is bedtime.

Clara y Paulina duermen.
Clara and Paulina are asleep.

El despertador está sobre la cómoda.
The clock is on the dresser.

Clara abraza su conejito.
Clara cuddles her rabbit.

Rosa está cansada.
Rosa is tired.

Lleva pijama.
She is wearing her pajamas.

Rosa desenrolla el saco de dormir.
Rosa unrolls the sleeping bag.

Juan está en el cuarto de baño.
Juan is in the bathroom.

Hay dos camas en el dormitorio.
There are two beds in the bedroom.

Se cepilla los dientes.
He is brushing his teeth.

Se mira al espejo.
He is looking at himself in the mirror.

La señora Martín guarda la ropa.
Mrs. Martin is putting away the clothes.

Miko duerme en la maleta.
Miko is sleeping in the suitcase.

Word List

This is an alphabetical list of words that appear in this book with their page numbers.
These are the short forms used in the word list: (f) feminine; (fpl) feminine plural;
(m) masculine; (mpl) masculine plural.

glass / vaso (m) 14
glasses / lentes (mpl) 4
globe / globo terráqueo (m) 34
goalkeeper / portero (m) 21
goodnight / buenas noches 36
grandfather / abuelo (m) 7
grandmother / abuela (f) 7, 8, 12, 14
grape / uva (f) 9
grass / hierba (f) 29
green / verde (m/f) 10
grocery / tienda de comestibles (f) 25
group / grupo (m) 18
guitar / guitarra (f) 18

hamburger / hamburguesa (f) 14
hand / mano (f) 23
hat / sombrero (m) 35
have (to) / tener 6, 22, 23
headache / dolor de cabeza (m) 22
hello / hola 4
hen / gallina (f) 28
here is (are) / aquí está; están 22, 30
hide (to) / esconderse 31
hide-and-seek / escondite (m) 21
hold (to) / agarrar 23
home / casa (f) 8
hopscotch / rayuela (f) 5
horse / caballo (m) 29, 35
hospital / hospital (m) 24
hot / calor (m) 27
house / casa (f) 5
hug (to) / abrazar 16
hungry (to be) / tener hambre 32

in front / delante 16, 21, 25
it is / es 8, 16, 36

juice / jugo (m) 10

kitchen / cocina (f) 8
knapsack / mochila (f) 17
kneel (to) / estar de rodillas 8
knit (to) / tejer 31

large / grande (m/f) 32
leg / pierna (f) 22
lemonade / limonada (f) 14
letter carrier / cartero (m) 24
lettuce / lechuga (f) 10
library / biblioteca (f) 25
light / semáforo (m) 25
like (to) / gustarle a uno 4, 6, 10, 12, 18, 33, 34
listen (to) / escuchar 13
little / pequeño (m), pequeña (f) 16
live (to) / vivir 4, 7
living room / sala de estar (f) 30
look (to) / mirar 11, 17
look at oneself (to) / mirarse 37
look for (to) / buscar 12
lot / mucho 13

magazine / revista (f) 12
mail / correo (m) 24
make (to) / hacer 4, 8, 10, 14, 15, 25, 36
man / hombre (m) 12
milk shake / batido (m) 32
mirror / espejo (m) 37
mix (to) / mezclar 8
mom / mamá (f) 9, 14
Monday / lunes (m) 19
morning / mañana (f) 16
mother / madre (f) 6, 38
motorcycle / motocicleta (f) 25
movie theater / cine (m) 25
Mr. / señor (m) 13, 18, 24, 27, 30
Mrs. / señora (f) 12, 17, 26, 31, 37
mud / lodo (m) 28
musician / músico (m/f) 6

name / llamarse 4, 6
near / cerca 13
neighborhood / barrio (m) 5
net / portería (f) 21
newspaper / periódico (m) 30
next to / al lado de 11, 33
nine / nueve 20
no / no 31
number / número (m) 21
nurse / enfermera (f) 23

oats / avena (f) 29
office / consulta (f) 22
one / uno 20, 21
onion / cebolla (f) 11
open / abierto (m), abierta (f) 31
open (to) / abrir 31
orange / naranja (f) 10
outside / afuera 11, 16, 25
overalls / overoles (mpl) 29

pail / cubo (m) 27
paint (to) / pintar 29
pajamas / pijama (m) 36
parents / padres (mpl) 16
park / parque (m) 25
parked / estacionado (m), estacionada (f) 16
patient / paciente (m/f) 22
pet (to) / acariciar 16
photo / foto (f) 14, 30
piano / piano (m) 31
picture / dibujo (m) 9
pig / cerdo (m) 28
play (to) / jugar 5, 6, 15, 17, 18, 20, 28, 31, 34
player / jugador (m), jugadora (f) 20
playroom / cuarto de juegos (m) 34
police car / patrulla (f) 25
poodle / caniche (m) 13
porch / porche (m) 29
potato / papa (f) 10

pour (to) / servir 14
practice (to) / practicar 9
pregnant / embarazada (f) 15
principal / director (m), directora (f) 16
put (to) / poner 26
put away (to) / guardar 19, 37
puzzle / rompecabezas (m) 19

rabbit / conejo (m), diminutive "conejito" 36
radish / rábano (m) 11
raspberry / frambuesa (f) 11
read (to) / leer 18, 30
red / rojo (m), roja (f) 11, 20, 25
referee / árbitro (m) 21
refrigerator / refrigerador (m) 9
relax (to) / descansar 30
rest room / cuarto de baño (m) 33
restaurant / restaurante (m) 32
ride a bicycle (to) / montar en bicicleta 4
rocking horse / caballito balancín (m) 35
rooster / gallo (m) 28
ruler / regla (f) 19
run (to) / correr 20, 28

sailboat / barco de vela (m) 27
salad / ensalada (f) 32
sand / arena (f) 27
sandcastle / castillo de arena (m) 26
Saturday / sábado (m) 30
school / escuela (f) 16
sell (to) / vender 13
seven / siete 20
sheep / oveja (f) 29
shelves / estantes (mpl) 12
shop (to) / hacer la compra 10
short / bajo (m), baja (f) 23
shorts / pantalón corto (m) 27
shoulder / hombro (m) 23
shovel / pala (f) 27
sidewalk / acera (f) 5
sing (to) / cantar 18
sister / hermana (f) 23
sit (to) / sentarse 29
six / seis 20, 21
skateboard / monopatín (m) 5
skip (to) / saltar a la cuerda 17
sleeping bag / saco de dormir (m) 36
slide / tobogán (m) 35
small / pequeño (m), pequeña (f) 5
soccer / fútbol (m) 20
sock / calcetín (m) 31
sofa / sofá (m) 31
song / canción (f) 9
sore / dolor (m) 23
soup / sopa (f) 33
spaghetti / espaguetis (mpl) 33
stop (to) / parar 25

store / tienda (f) 25
story / cuento (m) 13
street / calle (f) 25
student / alumno (m), alumna (f) 16
sugar / azúcar (m/f) 8
suitcase / maleta (f) 37
sun / sol (m) 27
sunglasses / gafas de sol (fpl) 35
sunhat / sombrero (m) 26
sunscreen lotion / crema
    protectora (f) 26
swim (to) / nadar 27
swimsuit / traje de baño (m) 26
swing / columpio (m) 15

table / mesa (f) 9
take (to) / tomar 26
talk (to) / hablar 17
tall / alto (m), alta (f) 23
tea set / juego de té (m) 34
teacher / maestro (m), maestra (f) 17
team / equipo (m) 20
teddy bear / osito de peluche (m) 35
teenager / joven (m/f) 22
teeth / dientes (mpl) 37

ten / diez 20
thank you / gracias 33
there is (are) / hay 19
thirsty (to be) / tener sed 32
three / tres 20
tired / cansado (m), cansada (f) 36
today / hoy 8, 19
tomato / tomate (m) 11, 33
toward / hacia 27
toybox / caja de juguetes (f) 35
tractor / tractor (m) 28
train / tren (m) 34
tree / árbol (m) 5
T-shirt / camiseta (f) 27
turn / turno (m) 30
TV / televisión (f) 9
twelve / doce 20
twin / gemelo (m), gemela (f) 15, 29
two / dos 20

uncle / tío (m) 7
under / debajo 35
uniform / uniforme (m) 20
unroll (to) / desenrollar 36

vacation / vacaciones (fpl) 26
video / video (m) 13
violin / violín (m) 9

wagon / carrito (m) 16
wait (to) / esperar 11
waiting room / sala de espera (f) 22
walk (to) / andar 16, 22
want (to) / querer 12
wash (to) / lavar 24
watch (to) / mirar 9
wear (to) / llevar 4, 13, 20, 26, 27, 35
weekend / fin de semana (m) 28
welcome / bienvenidos 18
wheelchair / silla de ruedas (f) 17
where / dónde 33
whistle (to) / pitar 21
whole / todo (m), toda (f) 12
window / ventana (f) 31
with / con 34
woman / mujer (f) 13
wool / lana (f) 31
work (to) / trabajar 19

yellow / amarillo (m), amarilla (f) 11

Verbs

Tener
yo tengo
tú tienes
él tiene
nosotros tenemos
ustedes tienen
ellos tienen

Estar
yo estoy
tú estás
él está
nosotros estamos
ustedes están
ellos están

Comer
yo como
tú comes
él come
nosotros comemos
ustedes comen
ellos comen

Correr
yo corro
tú corres
él corre
nosotros corremos
ustedes corren
ellos corren

Hacer
yo hago
tú haces
él hace
nosotros hacemos
ustedes hacen
ellos hacen

Tomar
yo tomo
tú tomas
él toma
nosotros tomamos
ustedes toman
ellos toman

Ser
yo soy
tú eres
él es
nosotros somos
ustedes son
ellos son

Terminar
yo termino
tú terminas
él termina
nosotros terminamos
ustedes terminan
ellos terminan

Querer
yo quiero
tú quieres
él quiere
nosotros queremos
ustedes quieren
ellos quieren

Jugar
yo juego
tú juegas
él juega
nosotros jugamos
ustedes juegan
ellos juegan